돼지학교에 오신 것을 환영합니다!

백명식 글·그림

강화에서 태어나 서양화를 전공했습니다. 출판사 편집장을 지냈으며, 다양한 분야의 책과 사보, 잡지 등에 그림을 그리고 있습니다. 특히 어린이들이 좋아하는 책을 쓰고 그릴 때 가장 행복하다고 합니다. 그린 책으로는 《자연을 먹어요 시리즈》《WHAT 왓? 자연과학편》《책 읽는 도깨비》 등이 있으며, 쓰고 그린 책으로는 《인체과학 그림책 시리즈》《맛깔나는 책 시리즈》《저학년 스팀 스쿨 시리즈》 등이 있습니다. 소년한국일보 우수도서 일러스트상, 중앙광고대상, 서울일러스트상을 받았습니다.

이은주 감수

서울대학교 자연과학대학 식물학과를 졸업하고 서울대학교 대학원과 캐나다 매니토바주립대학교 대학원에서 공부했습니다. 현재 서울대학교 자연과학대학 생명과학부 교수로 재직하고 있으면서 현재는 남극과 북극 생물을 연구하고 있습니다.

줄기 속으로 들어간 돼지

백명식 글·그림 | 이은주 감수

1판 1쇄 2014년 2월 5일 | **1판 2쇄** 2021년 1월 1일
펴낸이 조기룡 | **펴낸곳** 내인생의책 | **등록번호** 제10호-2315호
주소 서울특별시 성동구 성수일로99 서울숲AK밸리 809호
전화 (02)335-0449, 335-0445(편집) | **팩스** (02)6499-1165
전자우편 bookinmylife@naver.com | **홈카페** http://cafe.naver.com/thebookinmylife
편집장 이은아 | **책임편집** 이다겸 | **편집** 신인수 진송이 이지연 이민해
디자인 한은경 최원영 심재원 | **마케팅** 박영준 이성민 | **경영지원** 김지연

ISBN 978-89-97980-85-7 74080
ISBN 978-89-97980-45-1 (세트)

ⓒ 백명식, 2014

책값은 뒤표지에 있습니다.
잘못된 책은 구입처에서 바꾸어 드립니다.

이 도서의 국립중앙도서관 출판시도서목록(CIP)은 e-CIP홈페이지(http://www.nl.go.kr/ecip)와
국가자료공동목록시스템(http://www.nl.go.kr/kolisnet)에서 이용하실 수 있습니다. (CIP제어번호: 2014002867)

돼지 학교 과학 9

줄기 속으로 들어간 돼지

식물의 번식과 생장

백명식 글·그림 | 이은주 감수

내인생의책

돼지학교 아이들이 식물원으로 체험 학습을 왔어.
방글이 선생님께서 오늘 안내를 맡아줄 분을 소개하셨어.
"안녕하세요. 저는 나무 지킴이 구들이입니다."
"아저씨! 아저씨가 어쩐 일이세요?"
삼총사가 깜짝 놀라 소리쳤어.
"나는 이곳에서 일한단다."
삼총사는 구들이 아저씨를 여기서 만날 줄은 꿈에도 몰랐어.

"이쪽은 식물원, 저쪽은 동물원이란다.
식물의 특징에는 어떤 것이 있을까?"
입구에서 구들이 아저씨가 아이들에게 물었어.
"식물은 못 움직여요."
"식물은 뿌리가 있어요."
"식물은 햇빛을 받으며 자라요."
아이들이 저마다 아는 대로 소리쳤어.
"모두 다 맞았어."
구들이 아저씨가 놀라워하며
말씀하셨어.

꿀꿀 더 알아보기

식물과 동물의 차이점

식물이 동물과 가장 구별되는
차이점은 무엇일까요?
동물은 움직이지만 식물은 뿌리가
땅속에 박혀 움직이지 못해요.
동물은 풀이나 고기와 같은
다른 생물을 먹이로 하지만
식물은 스스로 양분을 만들지요.
뿌리와 잎으로 영양분과 산소를
만들어서 자기도 먹고
동물에게도 나눠준답니다.

식물원은 온갖 꽃들로 장관이었어. 모두들 꽃을 보고 입이 딱 벌어졌어.
알록달록 화려한 색깔과 달콤한 향기가 가득했어.
"내가 좋아하는 백합이야."
"나는 진달래가 좋아."
아이들은 저마다 좋아하는 꽃들을 말하며 사진을 찍느라 분주했어.
"선생님은 무슨 꽃을 좋아하세요?"
데이지가 예쁜 꽃을 보며 선생님께 여쭤 봤어.
"선생님은 노란 장미를 좋아해요."
"앗, 노란 장미는 질투를 뜻하는데."
꾸리가 갑자기 끼어들며 짓궂게 놀렸어.

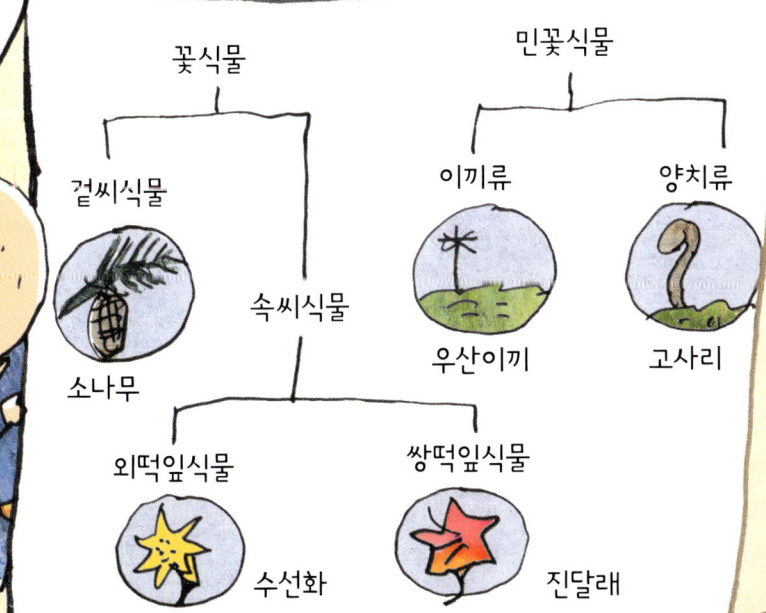

식물의 분류야.

꿀꿀 더 알아보기

꽃이 피는 식물

식물은 꽃이 피는 식물과 꽃이 안 피는 식물로 나뉘어요. 바로 솔이끼나 우산이끼와 같은 이끼류 그리고 고사리와 같은 양치류는 꽃이 없어요.
꽃이 피는 꽃식물은 밑씨가 어디에 있느냐에 따라 '속씨식물'과 '겉씨식물'로 나뉘요.
속씨식물은 장미와 백합처럼 밑씨가 씨방에 들어 있어요.
겉씨식물은 은행나무와 소나무처럼 씨방이 없어서 밑씨가 겉으로 드러나지요.
속씨식물은 이름 그대로 떡잎이 쌍으로 나 있는 '쌍떡잎식물'과 떡잎이 하나 있는 '외떡잎식물'로 나뉘요. 장미와 진달래 등은 쌍떡잎식물이고 백합과 수선화 등은 외떡잎식물이에요.

"식물이 자라려면 무엇이 필요할까?"
구들이 아저씨가 질문하셨어.
"물이 필요해요."
"햇빛도 쐬어야죠."
"적당한 온도로 맞춰야 해요."
아이들이 신이 나서 앞다퉈 말했어.
"모든 게 있어도 관심과 사랑이 없으면 안 돼요."
꾸리가 말했어.
"꾸리가 참 좋은 말을 했구나. 우리 모두가 식물을 관심과 사랑하는 마음으로 대한다면 식물이 잘 자라겠지?"
구들이 아저씨가 꾸리를 칭찬했어.

꿀꿀 더 알아보기

육상식물과 수생식물

식물은 사는 곳에 따라 육상식물과 수생식물로 나뉘어요. 물 위나 물속에서 사는 식물을 수생식물이라 하고, 땅에서 사는 식물은 육상식물이라고 해요. 수생식물 중에 개구리밥은 공기주머니가 있어서 물 위에 떠서 살아요. 붕어마름과 검정말은 줄기가 가늘고 약하지만 잎은 길쭉해서 물속에 살기 적합해요. 연꽃은 땅에 뿌리를 내리고 잎과 꽃은 물 위에 떠서 살아요. 갈대와 부들은 물가에서 산답니다.

구들이 아저씨가 꽃들을 가리키며 물으셨어.
"모두 앞에 있는 꽃을 자세히 들여다보렴.
무엇이 보이지?"
"잎이 보여요."
"긴 줄기가 보여요."
"꽃이 보여요."
아이들이 저마다 큰 소리로 대답했어.
"음. 그게 전부일까?"
구들이 아저씨가 웃으며 되물으셨어.
"아, 알았어요! 흙 속에 뿌리가 있어요."
도니가 이제야 알았다는 듯 큰 소리로 말했어.
"식물의 생긴 모양은 제각각이지만 모두
뿌리와 줄기, 잎으로 이뤄져있단다."
구들이 아저씨가 식물의 구조에 대해서 설명하셨어.

방글이 선생님께서 아까부터 눈을 감고 코를 흥흥거리며
숨을 크게 들이마셨다 내쉬기를 반복하고 계셔.
"여러분, 공기가 너무 상쾌하지 않나요?"
방글이 선생님 말씀처럼 정말 기분이 상쾌하고
머리가 맑아지는 것 같았어.
"식물은 우리 몸과 마음을 건강하게 해 주어요.
우리가 내뿜는 이산화탄소를 흡수하고
숨 쉬는 데 필요한 산소를 만들어 주기 때문이랍니다."
방글이 선생님께서 크게 숨을 내쉬며 말씀하셨어.
아이들도 선생님을 따라
두 팔을 벌리고 크게 숨을 쉬었어.

돼지학교 아이들이 땅에 떨어진 잎을 주워 모으기 시작했어.

넓은 잎, 뾰족한 잎, 동그란 잎, 길쭉한 잎, 아기 손바닥 모양 잎, 별 모양 잎…….

잎은 모양이 참 가지각색이야.

"자세히 보면 그물 모양의 맥이 보이지? 이게 잎맥이란다."

구들이 아저씨가 잎을 보여 주며 설명하셨어.

"여길 통해서 물과 영양분이 지나가는 거죠?"

똑똑한 꾸리가 물었어.

"그렇지, 잎맥은 일종의 수송로라고 할 수 있단다. 잎 모양도 잎맥이 결정하고."

구들이 아저씨 말씀에 아이들이 저마다 잎을 들고 잎맥을 살펴보았어.

"앗, 잎이 줄기에 달린 모양도 달라요!"

찬찬히 살펴보던 데이지가 크게 말했어.

잎의 잎맥이야.

그물맥
(쌍떡잎식물)
그물 모양으로
되어 있어.

국화, 강낭콩, 봉선화, 호박

나란히맥
(외떡잎식물)
선 모양으로
되어 있어.

벼, 보리, 밀, 옥수수

꿀꿀 더 알아보기

식물의 잎 모양

식물의 잎은 모양이 모두 제각각이에요. 개나리는 잎이 서로 나란히 마주 보듯이 줄기에 붙어 있어요(마주나기). 해바라기 잎은 줄기에 어긋나게 붙어 있고요(어긋나기). 소나무와 은행나무는 모두 잎이 모여서 나 있지요(모여나기). 꼭두서니 같은 식물은 한 마디에 잎이 4개나 둘러 붙어 있어요(돌려나기). 잎의 생김새와 줄기에 달린 모양이 다른 것은 각자 광합성을 하기에 좋은 모양을 갖추기 위해서랍니다.

식물은 줄기의 굵기와 강도도 제각각이야.
방글이 선생님께서 가방에서 현미경을 꺼내셨어.
현미경으로 살펴본 줄기 속은
참 신기하게 생겼어. 둥근 원 안에
작은 기둥 같은 것이 둘러져 있었어.
"선생님 저희들이 물과 영양분이
이동하는 과정을 직접 조사하겠습니다."
꾸리가 멋지게 거수경례를 하고
휴대전화를 꺼냈어.
"박사님, 저희들이 있는 위치로
연필호를 보내 주세요.
식물의 줄기 속으로 들어갈까 해요."
꾸리가 박사님께 전화로 부탁했어.

빛이 번쩍 하더니 연필호가 나타났어. 삼총사는 재빨리 연필호에 탔어.

잠시 뒤, 눈에 보이지 않을 만큼 작아진 연필호가 나무뿌리가 있는 땅속으로 들어갔어.

"물과 영양분이 이동하는 관 같은 것이 보이지? 이 관이 뿌리의 물관이야."

도니가 물관을 가리키며 설명했어.

삼총사는 물관을 타고 쭉쭉 위로 올라갔어. 그러다가 잎을 지나 수증기와 함께 밖으로 나왔어.

"식물이 어떻게 성장하는지 이제야 이해가 되는군."

꾸리가 고개를 끄덕이며 말했어.

다시 원래의 모습으로 돌아온 삼총사가 아이들에게 물관과 체관으로 이루어진 관다발에 대해 설명해 주었어.

외떡잎식물 줄기야.

쌍떡잎식물은 엽은 노랑이나 갈색이야. 외떡잎식물은 주로 초록색을 띠고 있어.

꿀꿀 더 알아보기

관다발은 무엇일까?

줄기는 물과 영양분이 이동하는 통로예요. 물관은 뿌리에서 빨아들인 물을 잎이나 줄기로 옮겨 주는 관이고 체관은 잎에서 만들어진 양분을 줄기나 뿌리로 옮겨 주는 관이에요. 물관과 체관을 합해서 '관다발'이라고 해요. 관다발은 식물에 따라서 모양이 달라요. 수선화 같은 외떡잎식물은 관다발이 불규칙적으로 줄기 전체에 골고루 흩어져 있어요. 장미 같은 쌍떡잎식물은 관다발이 줄기 안에 둥그렇게 규칙적으로 돌아가면서 나 있어요. 물관과 체관 사이에는 부름켜가 있는데 다른 말로는 형성층이라고 해요. 부름켜는 식물이 자라게 만들어 줘요.

줄기는 종류에 따라 뻗어 나가는 모양도 달라요. 곧은줄기(벼), 기는줄기(양딸기), 감는줄기 또는 덩굴줄기(나팔꽃)와 땅속줄기(감자), 물속줄기가 있지요.

벌 한 마리가 계속 도니를 쫓아다니고 있어.
"저리 가, 저리 가란 말이야! 벌이 모두 죽어버렸으면 좋겠어."
겁에 질린 도니가 신경질을 냈어.
"도니가 단단히 화가 났구나. 하지만 도니야, 벌이 꽃 속에 있는 꽃가루를 옮겨서 식물의 번식을 돕는다는 것쯤은 알고 있지?"
구들이 아저씨가 손으로 휘휘 벌을 쫓으며 말씀하셨어.
"쳇, 제가 알게 뭐예요."
도니가 씩씩대며 말했어.

포자는 너무 작아서 현미경으로 관찰해야 해.

왱~

벌은 싫어.

푸른곰팡이

송이버섯

포자(홀씨)

포자낭

포자(홀씨)

고사리

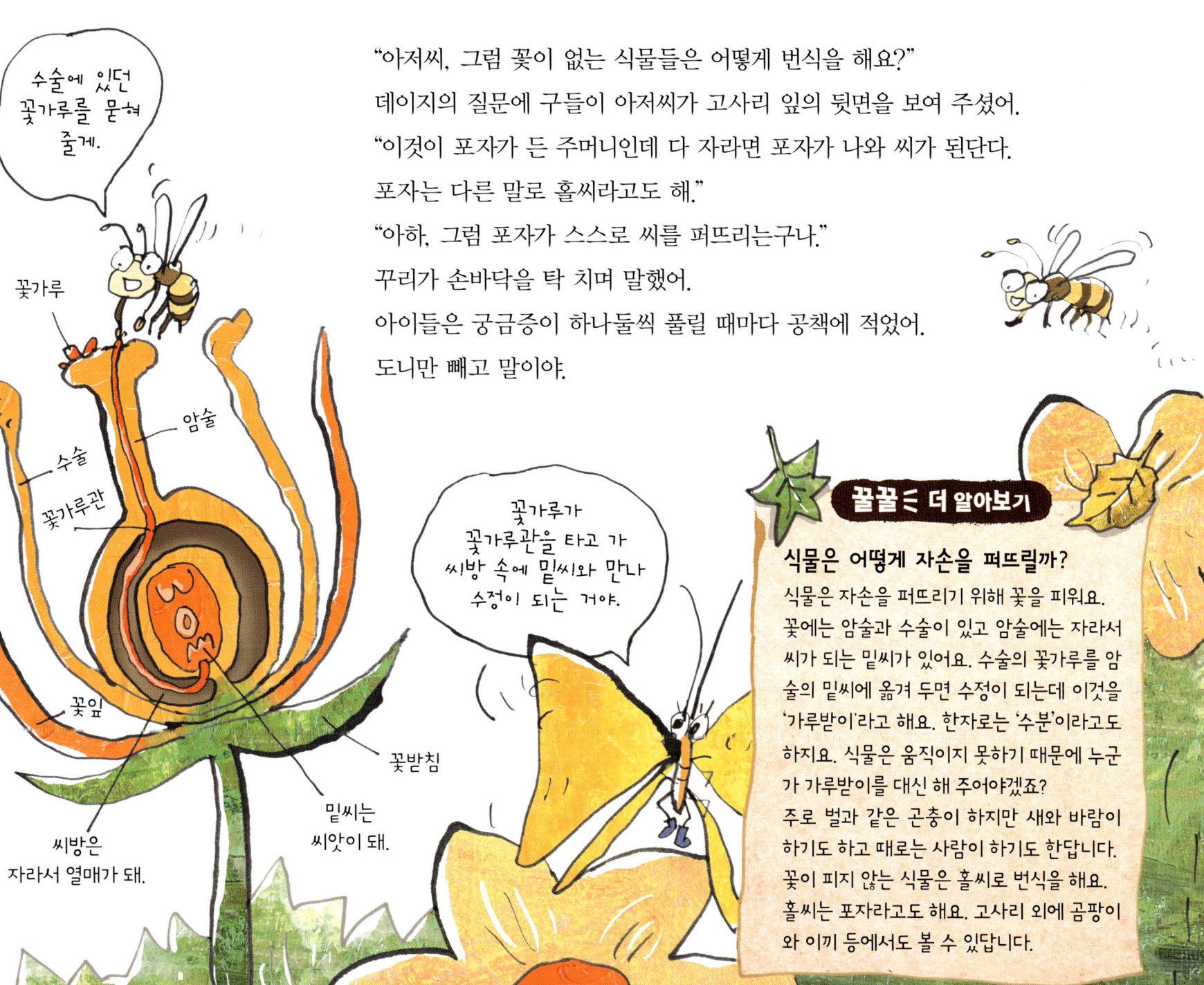

아이들이 한살이 체험관에 들렀어.
이곳에서는 식물이 싹트고 자라는 과정을
볼 수 있고 직접 심어 볼 수도 있어.
"우아. 강낭콩이 씨껍질을 벗고 싹이 트고 있어요."
"파란 새싹이 너무 귀여워요."
아이들이 너도나도 감탄사를 터뜨렸어.
삼총사는 커다란 너도밤나무를 발견했어.
"연필호를 타고 너도밤나무가 어떻게 자랐는지 알아보자."
데이지가 커다란 너도밤나무를 쓸어내리며
꾸리와 도니에게 말했어.
"좋아, 그럼 지금부터 너도밤나무가
씨앗이었을 때로 간다.
과거로 출발!"
꾸리가 연필호를 타며 외쳤어.

너도밤나무가 어떻게 자랐는지 과거로 가 보자.

덜컹, 스르륵

시간 여행 중

민들레 씨앗은 바람을 이용하고 도둑놈의갈고리는 동물의 몸에 붙어 이동하지. 또 콩이나 봉선화는 씨앗 주머니를 터뜨려 퍼지게 해."
구들이 아저씨가 친절하게 설명해 주셨어.
"아주 멀리 퍼뜨릴 때는 어떻게 해요?"
도니가 눈을 동그랗게 뜨고 물어봤어.
"동물이 씨앗을 먹고 멀리 이동을 해서 똥을 누면 거기서 씨앗이 퍼져."
"웩, 똥으로 퍼뜨린다고요?"
구들이 아저씨의 말이 끝나자마자 꾸리가 얼굴을 찌푸렸어.
식물들은 저마다 기발한 방법으로 씨앗을 퍼뜨려.

"나뭇잎 모양도 꽃처럼 모두 다르게 생겼어요."
나무를 뚫어져라 쳐다보던 데이지가 말했어.
"나무는 태어난 곳에 따라 생김새가 다르단다."
구들이 아저씨가 나무에 대해서 계속 설명해 주셨어.
"나무가 고향이 있다고요?"
"물론이지."
구들이 아저씨는 소나무와 단풍나무와 동백나무를 가리키셨어.
세 그루의 나무는 키와 잎 모양도 다르고 색깔도 달랐어.
우리 돼지 삼총사처럼 말이야.
성격이 뾰족한 도니는 소나무이고 둥글둥글 둥근 꾸리는
단풍나무, 예쁜 얼굴을 가진 데이지는 동백나무야.

기분 좋아.

은행잎

참개암나무

취똥나무 잎

비자나무 잎

측백나무 잎

 솔잎
 단풍 잎
 떡갈나무 잎
 벚나무 잎
 아카시아 잎

	침엽수	낙엽활엽수	상록활엽수
어떤 기후에 살까?	러시아, 캐나다, 백두산과 같이 추운 곳에 살아.	유럽, 북미, 우리나라와 같이 따뜻한 곳에서 많이 살아.	난대 및 열대같이 따뜻한 지방에 많이 살아.
잎은 어떤 모양일까?	뾰족한 바늘 모양이야.	대부분 넙적한 모양이야.	대부분 넙적하고 두꺼워.
잎은 어떤 색깔일까?	항상 푸른색이야.	가을에 단풍이 들어서 노랗고 빨간색이 돼.	짙은 녹색이고 단풍은 들지 않아.
잎이 언제 떨어질까?	보통 2년 정도 매달려 있다가 수시로 떨어져.	가을에 잎이 다 떨어져.	잎이 수시로 떨어지고 다시 나서 늘 잎이 있는 것처럼 보여.
꽃이 필까?	꽃잎이 없는 꽃을 피우고 솔방울을 맺어.	꽃을 피우고 열매를 맺어.	꽃을 피우고 열매를 맺어.
나무 모양은 어떨까?	곧게 뻗어 있어.	둥글게 퍼진 모양이 많아.	둥글게 퍼진 모양이 많아.
어떤 나무가 있을까?	소나무, 잣나무, 향나무 등	단풍나무, 떡갈나무, 벚나무 등	사철나무, 동백나무, 돈나무 등

"이 나무는 몇 살이에요?"

저보다 크니 언니나 오빠겠죠?"

데이지가 제 키보다

훌쩍 큰 나무를 보며 물었어.

"2년 전에 심은 거란다.

이제 겨우 세 살인걸."

"겨우 세 살?"

구들이 아저씨의 말을 들은

도니는 세 살밖에 안 됐다는

말에 깜짝 놀랐어. 알고 보니

한참 아래 동생이었던 거야.

꼼꼼 더 알아보기

나무의 키

여러해살이 식물인 나무는 보통 3~5년이 지나면 열매를 맺고 어른 나무가 돼요.

나무의 키 높이는 나무의 종류에 따라 달라요. 작게는 몇 센티미터에서 크게는 몇백 미터가 되는 나무도 있지요. 지구상에서 가장 키가 큰 나무는 미국 캘리포니아주 레드우드 국립공원에 있는 아메리카 삼나무로 키가 약 115미터예요. 27층 건물 높이만 하지요.

지구 상에 가장 나이가 많은 살아 있는 나무는 브리슬콘 소나무로 약 5천 살이에요. 미국 서부 지방의 화이트 마운틴에 사는데 새물이 살기 힘든 산꼭대기에서 살기 때문에 매우 더디게 자란다고 해요.

"아저씨는 나무의 나이를 어떻게 아세요?"
꾸리가 나무 박사 같은 구들이 아저씨를 보며 말했어.
"나무에는 나이테가 있어 나이를 알 수 있어."
구들이 아저씨는 잘라진 둥치를 단면이 보이게 들어 보였어.
나무 단면에는 짙은 색 고리와 옅은 색 고리가
여러 겹으로 나 있었어.
"이게 바로 나이테야. 짙은 색과 옅은 색 고리 한 쌍이
보통 한 살을 가리키지."
"하나, 둘, 셋, 넷…….
나이테가 150개니까 이 나무의 나이는, 150살이야!"
데이지가 나이테를 세어 보고는 깜짝 놀랐어.
아이들도 저마다 나무의 나이테를
세느라 정신이 없었어.

나이테를 보면 나무의 나이를 알 수 있단다.

"그럼 이 나무는요?"
꾸러기 구들이 아저씨께 물었어.
"너도밤나무는 올해로 200살이 되었단다."
"200살!"
아저씨의 대답에 아이들이 깜짝 놀라 한목소리로 말했어.
도저히 상상이 되지 않는 나이야.
나무의 키 높이와 나이를 맞추는 일은 정말 어려워.

2년 전에 심은 나무

이 나무 겨우 3살!

지구상에서 제일 큰 나무야.
키가 115미터야.
27층 건물 높이래.

이 나무로 성냥개비를 만들면 50억 개는 만들 수 있대.

빌디보다 높다.

아저씨가 나무가 주는 이로움이 무엇인지 묻자,

아이들이 너도나도 손을 들며 외쳤어.

"나무는 산사태를 막아 줘요."

"동물에게 집과 먹을거리를 제공해 줘요."

"책상, 걸상, 침대, 장난감, 연필, 종이. 우리한테 필요한 물건을 만들어 줘요."

"시끄러운 소리를 막아 줘요."

"땔감이 되어 주고요."

아이들 말대로 나무가 주는 혜택은 아무리 얘기해도 끝이 없겠지?

"그래도 나무가 제일 좋은 건 먹을 것을 주기 때문이에요.

사과, 배, 감, 복숭아, 자두. 안 그러니 얘들아?"

"하하하."

먹는 것만 밝히는 꾸리의 말에 모두 웃었어.

꿀꿀 더 알아보기

나무가 우리에게 주는 이로움

나무가 우리에게 주는 이로움은 무궁무진해요. 나무는 산사태로부터 우리를 지켜 주기도 하고, 뿌리와 낙엽, 부러진 가지들이 흙을 단단히 끌어안아 흙이 흘러내리는 것을 막아 주기도 해요. 그래서 비가 아무리 많이 내려도 산의 흙은 흘러내리지 않아요. 나무는 또 강한 바람도 막아 줘요. 산에 나무가 많으면 산사태와 홍수에도 끄떡없지요. 나무는 집을 지을 때나 가구 등을 만들 때도 꼭 필요해요.

"데이지가 나무를 아주 많이 사랑하는구나.
하지만 이건 나무를 아프게 하는 게 아니란다.
오히려 잘 자라게 하는 거야."
"가지를 베면서 어떻게 잘 자라게 해요?"
"가지치기를 해 주지 않으면 영양분이 한쪽으로 몰려서
골고루 자라지 못한단다."
아저씨의 설명에도 데이지의 눈에는 여전히 나무들이 아파 보였어.
데이지는 잘려진 나무로 다가가 '호' 하고
입김을 불었어.

가지치기를 할 때는 새순에서 6~7센티미터 정도 떨어지게 비스듬히 잘라 줘.

꿀꿀 더 알아보기

가지치기는 왜 할까?

가지치기는 나무가 자라는 데 꼭 필요해요. 가지치기를 하지 않으면 가지가 마구 자라 밑에 있는 가지가 숨을 쉴 수 없기 때문이지요. 그래서 위에 있는 가지를 쳐 주면 밑에 있는 가지들도 햇빛을 골고루 받아 숨을 쉴 수 있어요.

가지가 너무 많으면 잎이 많아져서 가뭄이 들었을 때 나무가 빨리 말라 버리기도 해요. 또 죽은 가지나 병든 가지를 그대로 놓아두면 나무 전체에 병이 퍼져 나무가 죽을 수도 있어요. 나무를 건강하고 예쁜 모양으로 자라나게 하려면 반드시 가지치기를 해야 해요.

즐거운 점심시간이야.
돼지학교 아이들이 수양버들 그늘에 앉아
맛있게 도시락을 먹었어.
점심을 다 먹은 아이들은 시원한 나무 그늘 아래서 놀았어.
남자애들은 나무를 기둥 삼아 말타기 놀이를 했어.
여자애들은 아카시아 잎으로 머리를 돌돌 말고
몇몇은 나뭇잎으로 피리를 불었어.
"삐리~ 삐리."

"아저씨 피리 만들어 주세요."
피리 소리가 제대로 나지 않자 데이지가 아저씨께 도움을 청했어.
아저씨가 수양버들 줄기로 멋진 버들피리를 만들었어.
"삐리리리."
버들피리는 곧 멋진 소리를 내기 시작했어.
시원한 나무 그늘은 최고의 놀이터야.

꿀꿀 더 알아보기

① 햇가지를 비틀어서 속심과 겉껍질이 나뉘게 해.
② 속심을 빼내. — 속심, 껍질
③ 껍질의 한쪽 끝을 납작하게 눌러 줘. "입으로 잘근잘근!"
④ 속껍질을 남기고 겉껍질만 1센티미터쯤 벗겨 입 댈 자리를 만들어.
⑤ 피리를 불어 볼까? 삐릴리~

숲에는 많은 동물들이 살고 있어.

"아저씨, 떨어진 나뭇잎과 풀 들이 땅바닥에서 썩고 있어요."

데이지가 코를 막고 말했어.

"나뭇잎과 풀이 썩으면 식물들에게 좋은 거름이 된단다."

구들이 아저씨가 너털웃음을 터뜨리며 말씀하셨어.

"나무가 튼튼하게 자라면 곤충과 동물들에게
좋은 집과 먹이를 줄 수 있겠죠?"

꾸리가 큰 소리로 말했어.

"맞아요. 꾸리 말대로 숲 속 식물들이 튼튼하게 자라야
더불어 많은 동물들이 행복하게 살 수 있답니다.
그래서 숲을 보호해야 하지요."

"네, 선생님. 우리 모두 숲을 보호해요."

방글이 선생님의 말씀에 아이들이 크게 답했어.

집으로 오는 길에 삼총사는 새삼스럽게 꽃과 나무들이 고맙다는 생각을 했어.
평소 같으면 그냥 지나쳤겠지만 이제는 그렇지 않아.
삼총사는 꽃과 풀과 나무들에게 인사했어.
"안녕, 친구들. 우리가 너희들을 지켜 줄게."
그때 봄바람이 살랑살랑 불어와 속삭이듯 말했어.
"안녕, 친구들. 고마워."

"잘 가, 얘들아."

용감한 돼지 삼총사와 떠나는 창의적 융합과학 교과서

돼지학교 과학

돼지학교 시리즈는 초등 과학의 4가지 영역인 생명, 지구와 우주, 물질, 운동과 에너지 분야를 재미있는 이야기를 통해 아이들 스스로 과학적 지식을 익힐 수 있게 구성된 과학책입니다. 돼지 삼총사와 함께 떠나는 신 나는 과학 여행! 그 속에서 여러 가지 미션을 수행하며 자연스럽게 창의적 문제 해결력을 키울 수 있습니다.

돼지학교 과학

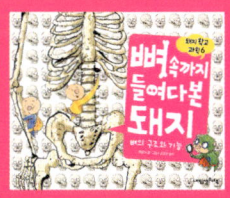    

돼지학교 과학 11	돼지학교 과학 12	돼지학교 과학 13	돼지학교 과학 14	돼지학교 과학 15
자동차 속으로 들어간 돼지	갯벌에 빠진 돼지	미생물을 연구하는 돼지	땅속으로 들어간 돼지	열 받은 돼지
교통과학	갯벌	미생물	지층과 화석	핵과 에너지

돼지학교 과학 16	돼지학교 과학 17	돼지학교 과학 18	돼지학교 과학 19	돼지학교 과학 20
로켓을 탄 돼지	알을 탐험하는 돼지	바다로 들어간 돼지	마법 부리는 돼지	로봇 속으로 들어간 돼지
로켓과 탐사선	알과 껍데기	고래	산과 염기	로봇